THÉORIE

SUR LA

RÉFORME ÉLECTORALE,

PAR CLÉON.

Vox Populi, vox Dei.

PRIX : 25 CENT.

PARIS
AU COMPTOIR DES IMPRIMEURS-UNIS,
QUAI MALAQUAIS, 15.

1848

Paris. — Imprimerie Bonaventure et Ducessois,
Quai des Grands-Augustins, 55 (près le Pont-Neuf).

DÉDICACE.

Je présente ce travail à tous les citoyens qui veulent sans esprit de parti le bien de la France.

Je ne l'offre pas au peuple, pour qui je l'ai écrit, et que j'aime de toutes les forces de mon âme; mais ce nom sacré est devenu pour quelques écrivains un cri de guerre, un drapeau de révolte, et c'est sous les auspices de la raison que je veux réclamer pour tous l'exercice d'un droit que le tumulte ou la violence ne saurait sanctionner.

Je l'adresse aux députés qui tiennent en leurs mains l'avenir du pays, aux jeunes gens qui en sont l'espoir, enfin à tous les vrais patriotes, surtout à ces hommes de progrès, dont les efforts persévérants et unanimes poursuivent une réforme que j'appelle de tous mes vœux en applaudissant à leurs nobles désirs.

Puissent-ils ces hommes de cœur et d'avenir persévérer dans leurs projets, et faire jaillir du sein de leurs réunions la lumière qui doit inonder et vivifier la France !

INTRODUCTION.

Je crois entendre déjà crier à l'utopie, et voir reléguer au nombre des choses impossibles la réforme que je présente.

Si cette qualification est synonyme de progrès, d'améliorations, de louables efforts, loin de la répudier, je l'accepte avec bonheur; mais si elle devient dans un esprit trop prompt à juger un signe de mépris et d'orgueilleux dédain, je jette un regard vers les siècles passés et me dis : Que de choses auxquelles on ne songeait pas il y a cent ans! Que de pensées traitées de folies alors, et que les temps ont fait triompher! C'est une grande et noble erreur que celle qui poursuit dans le vague de l'avenir le bonheur des hommes, et je la préfère à la froide raison qui se repose dans le présent et refuse de voir cet avenir qui la touche.

Pour la méthode que je vais exposer, je n'hésite pas à reconnaître son exécution difficile encore, mais je l'affirme réalisable autant qu'utile, et la crois inévitable dans l'avenir.

Le seul embarras que j'y reconnais prend source dans les retards apportés à l'organisation de l'éducation publique. Mais cette réforme, la mère et la base de toutes les autres, plane sur la France comme une rosée bienfaisante. C'est le cri de toutes les bouches, le besoin de tous les cœurs, la nourriture obligée de tous les esprits. Cette réforme s'avance plus forte que toutes les volontés humaines, et déjà elle a posé les bases nécessaires à l'établissement de la méthode que je présente.

Je sais que l'exécution d'une théorie en apparence irréprochable rencontre toujours des obstacles. Mais quelle chose est parfaite ici-bas, quelle institution des hommes ne doit pas se courber devant l'éternelle loi d'imperfection que Dieu nous a imposée?

Énonçons donc sans crainte les vœux de nos cœurs, et gardons-nous de laisser fermenter et s'accumuler sur nos têtes les besoins du peuple.

Admirons et conservons religieusement le trésor que nous ont confié nos pères, après l'avoir conquis au prix des larmes et du sang répandus. Mais n'allons point follement l'enfouir au sein de la terre pour qu'il se couvre de rouille et devienne inutile comme un vieux débris, tandisque nous pouvons l'augmenter encore et lui donner l'éclat et la vitalité du progrès.

Volons plutôt sur les traces de nos ancêtres, continuons leur œuvre sainte, et, prenant garde d'imiter les excès où les jeta un premier moment d'exaltation, ne craignons pas de poursuivre le bonheur de la patrie et d'ajouter quelques fleurs aux lauriers qui ornent la tombe de ses enfants, morts pour nous.

CHAPITRE Ier.

Généralités. 1o Sur la représentation nationale. 2o Sur l'élection des députés. 3o Eléments et principes nationaux représentés.

1o Une nation est un ensemble d'individus soumis aux mêmes lois.

Une nation libre est celle qui s'impose elle-même ou accepte les lois qui la régissent.

Mais ce mot de *nation* est vague. Il indique une masse disséminée, flottante, qui, pour créer et présenter les lois, a besoin de représentants. Il faut donc qu'elle en choisisse pour accomplir en son nom toute espèce d'acte, et le peuple confère à chacun de ses enfants un titre, une position relatifs à la masse et recevant d'elle toute leur valeur; car il n'est point de roi, de député, de citoyen qui ne soit député, citoyen ou roi d'un peuple, et qui, ce peuple n'existant plus, ne soit avec ce même peuple dépossédé, réduit à néant.

La nation est donc un tout complet. Chaque individu, quelle que soit la position qu'il y occupe, la reçoit d'elle; les inégalités et toutes les grandeurs humaines se fondent dans son sein comme dans un tout immense qui ne leur permet avec lui-même aucun point de comparaison; et, si les hommes peuvent se comparer entre eux, jamais ils ne doivent marcher sur le plan où siégent les nations.

Entre un individu quelconque et la masse dont il fait partie, s'ouvre l'immensité.

Tout peuple renferme en lui-même une triple puissance : législative, judiciaire, exécutive, qu'elle délègue à trois sortes de représentants. Les députés établissent les lois, le roi les sanctionne et les exécute, les pairs semblent l'intermédiaire qui explique les lois et réclame leur exécution.

En théorie, l'exécution est forcée. C'est un acte purement physique, ne réclamant aucun effort intellectuel, qu'un seul homme peut accomplir, mais qui n'exclut point le droit de grâce, sublime abandon, noble mépris de la vengeance, brillant joyau jeté par un peuple généreux et fort aux pieds des rois.

L'application de la loi est aussi nécessaire, et des hommes expérimentés, quelles que soient leur origine ou leurs convictions, peuvent en être chargés.

Mais la législation est l'œuvre qui réclame le plus de soins et de prudence. C'est la chaîne qu'un peuple se rive à lui-même; et, si ce peuple est libre, il doit conserver dans l'aliénation du premier de ses droits, dans l'asservissement à la justice et à la morale (qui devient ainsi l'acte le plus grand et le plus noble de la liberté humaine), une indépendance absolue.

Il faut donc que la France choisisse elle-même ses législateurs, afin de pouvoir dire en se courbant sous leurs décrets : Moi-même j'ai d'avance sanctionné tous leurs actes. J'ai choisi mes représentants, je les ai élus, ils sont moi. Esclave de moi seule, je suis, je reste libre.

2° Or le moyen employé en France pour constituer la représentation nationale dans l'ordre législatif a reçu le nom d'élection.

En démontrant qu'un peuple libre doit nommer ses représentants, j'ai prouvé que ce moyen est rationnel et nécessaire; reste à examiner le mode à employer pour le mettre à exécution.

Ici plusieurs systèmes se présentent, reposant tous sur l'attribution du titre d'électeur.

Les différentes bases proposées sont : la fortune, le mérite, les droits du peuple, etc. Aussi la question devient épineuse, et, pour l'éclaircir, il nous faut remonter aux principes déjà énoncés :

Les députés représentent la nation : donc la nation doit elle-même leur conférer et leur transmettre ses droits. Elle est libre : donc encore elle doit les choisir, car autrement ils lui seraient imposés, et leurs décrets seraient des ordres. — La France serait esclave, elle ne serait pas représentée.

Et comme, pour arriver à ce résultat de la représentation nationale, il faut que chaque partie du peuple ait voix délibérative; éléments et principes, tout enfin ce qui constitue la France devra prendre part aux élections.

3° Les éléments sont de trois sortes : fortune, mérite, travail, et se subdivisent à l'infini dans toutes les classes et sous toutes les formes.

Les principes sont triples aussi : liberté, égalité, raison. Dans le mode des élections doivent se trouver réunis les éléments, et dans leur résultat les principes constitutifs de la nation; c'est-à-dire que chez les électeurs se doivent rencontrer indistinctement fortune, mérite, travail; chez les députés, les droits et la valeur du peuple qui les nomme, indépendance, égalité, raison.

Nous allons voir si le système actuel remplit ces conditions, et quelle méthode pourrait les réunir.

CHAPITRE II.

Examen des méthodes. 1° Actuelle. 2° Proposée.

Les esprits sont vivement préoccupés de la question électorale et réclament une prompte réforme dans le mode actuellement employé.

Chacun pense que le changement auquel on aspire se lie à une question plus générale, et que toutes les améliorations doivent découler de celle que l'on projette.

Et l'on conçoit que, le corps législatif ayant subi une rénovation radicale, la secousse devra s'en faire sentir, comme un choc électrique, dans l'ensemble du système légal et dans la constitution tout entière, puisque son organisation lui est confiée.

La grande difficulté est d'obtenir qu'il se modifie lui-même, et qu'il veuille bien changer les sources dont sa puissance découle.

Pour arriver à la solution du problème il faut une chose avant tout : les efforts de la presse qui fondent les convictions au sein des masses et viennent entraîner avec la voix toute-puissante du peuple une majorité indécise.

Or la presse s'écrie aujourd'hui : Le système électoral est vicieux. Il faut le détruire, le remplacer, substituer le mérite à la fortune. Tel est, en somme, le vœu qu'elle émet.

Cette demande paraît fondée, car les talents sont la véritable bannière d'un grand peuple, et les richesses ne choisissent pas leur maître. La fortune, en prenant seule part aux élections, semble représenter la France, ce qui est absurde, car elle n'est pas et ne peut être la nation de 93.

De plus, un tel système est contraire à toutes les lois de la justice, puisqu'il sacrifie le mérite à l'argent, le pauvre au riche, le travailleur au propriétaire; et, s'il est vrai que les intérêts du pauvre et du riche peuvent se trouver en opposition, sacrifier le misérable qu'il faudrait plutôt secourir, c'est folie ou cruauté.

Je sais que les riches ont intérêt à conserver la paix, mais est-ce le seul intérêt d'un grand peuple?

Je sais de plus que la fortune est souvent le prix du travail; mais alors un double éclat attirera les yeux de la foule, sans cesse tournés vers ce qui brille au-dessus d'elle.

Que l'argent ne soit pas un titre exclusif, et que chacun se dise : On naît riche, souvent par le seul effet du hasard; un avantage n'est pas un droit.

Un autre système, que l'on oppose au précédent et

qui a reçu l'approbation générale, est celui dont le but est de conférer au mérite les droits électoraux.

Il offre l'avantage immense de réhabiliter l'un des éléments les plus honorables de la nation, mais il est encore exclusif, partial, et n'ouvre pas les bras aux classes les plus dignes d'intérêt, les plus nombreuses, qui forment la base véritable du peuple.

Le travail, le malheur, tout ce qui a soif de lumière, de liberté, d'avenir, tout cela est condamné à l'inertie, à la continuation de sa nullité actuelle ou de la dégradation morale.

Pourtant l'éducation n'est souvent, comme la fortune, qu'un avantage auquel ne parviennent pas ceux que la misère a vus naître.

Pourtant aussi bien des cœurs d'hommes peuvent battre sous une enveloppe grossière, bien de nobles pensées périssent étouffées dans une poitrine qui n'a point ressenti le feu d'une juste confiance et l'exercice du premier droit.

Si donc je reconnais qu'un homme dépourvu de tout mérite ne peut prétendre à remplir, dans les affaires publiques, la place de l'homme de sens et d'éducation, je maintiens en même temps qu'il ne faut point d'exclusions antilibérales en France, et que nous devons nous efforcer d'attribuer à chacun une valeur proportionnée à sa valeur réelle, sans repousser aucun élément.

Enfin le mérite a le désavantage d'être une base flottante, à laquelle voudront se rattacher toujours de nouvelles classes, et que viendront assaillir des réclamations sans fin, des murmures et des jalousies perpétuelles :

« Vous reconnaissez du talent à celui qui me tou-
« che et me décrétez sans valeur; vous lui conférez un
« droit et me frappez d'impuissance.

« Je le vois à mes côtés ; la force des choses et la
« justice me font presque son égal, et vous m'en
« séparez d'un abîme!..... »

CHAPITRE III.

Méthode électorale. 1° Quels seront les électeurs? 2° Plan d'élections. 3° Eléments et principes nationaux représentés.

1° Il faut que tous les éléments dont se compose la nation soient représentés.

J'ajoute : représentés suivant leur valeur.

Si la valeur de chacun peut être fixée et reconnue par tous, il me semble que la question sera résolue et le système complet.

Les électeurs, ai-je dit, sont la nation, puisqu'ils nomment les représentants, et qu'un peuple libre ne peut obéir qu'à lui-même ou à ses délégués. Toutes ses parties doivent être représentées, sans quoi il y aurait exclusion, préférence; et l'égalité ne serait qu'un vain mot.

Or l'égalité politique est basée sur un titre, celui de citoyen. Ce titre, dévolu à tout Français mâle âgé de vingt-et-un ans, sans distinction de rang ni de fortune, confère à celui qui le porte la plus grande valeur politique naturelle. Le nom d'électeur, le droit de se faire représenter, doit nécessairement s'y adjoindre.

Si le citoyen, être civil et politique complet, est forcé d'obéir au sein d'un pays libre, c'est qu'on suppose qu'il comprend et accepte les lois auxquelles il se soumet. S'il les comprend, il doit, avant de se courber sous leur joug, pouvoir les discuter et réclamer contre tout ce qui lèse ses intérêts; et, s'il ne le fait lui-même, on ne peut s'opposer à ce qu'il délègue un droit imprescriptible.

Devra-t-il sans compensation subir les charges, sans réclamation souffrir tous les impôts, obéir à tous les caprices du gouvernement ? Libre de nom, il serait esclave de fait, car le devoir sans le droit, c'est l'esclavage.

Pour que les citoyens soient vraiment libres, pour que leur titre ne soit pas une dérision, pour que le travail, comme le talent et la fortune, soit représenté, il faut donc qu'ils nomment les députés.

Les véritables électeurs sont donc les citoyens. En donnant la définition de ce titre, j'ai exclu nécessairement les femmes et les enfants, que leur faiblesse ou leur modestie naturelle doit éloigner des agitations du forum. Je ne crois pas d'ailleurs qu'ils puissent, même en théorie pure, se croire abandonnés, car il est impossible que les pères, les maris et les frères oublient jamais les droits de ce qu'ils ont de plus cher au monde.

Mais il est des exclusions en apparence contradictoires, et qui sortent de la règle établie tout-à-l'heure, mais qui, n'étant que momentanées, ne sont pas, à vrai dire, des exclusions, et ne font que suspendre un droit toujours existant.

Ne peuvent être électeurs 1° les domestiques, 2° les soldats, 3° les citoyens dont le domicile n'est pas fixé depuis un an.

Les premiers sont libres comme foulant aux pieds le sol français, mais ils ne sont pas indépendants, et l'influence du maître leur ravit le titre d'électeurs.

Les autres sont dans une position précaire et ne peuvent connaître assez les hommes et les lieux; tous sont donc forcés d'attendre, et leurs droits sont pour un instant suspendus.

Il doit en être ainsi pour tous ceux que domine cette double loi : Servilité, précarité.

Maintenant je vais tracer un aperçu de ma méthode.

D'abord tous les citoyens indépendants choisissent parmi eux un certain nombre d'hommes auxquels ils confient leurs droits politiques. Peu importe la fortune ou la culture intellectuelle; l'estime publique est le seul titre qui appelle le choix des citoyens.

Ces électeurs nommés se réunissent à leur tour afin d'élire une troisième classe de représentants pris parmi eux, sans condition, et devant élire les députés.

Chaque ordre d'électeurs est obligé de choisir dans ses rangs l'ordre immédiatement supérieur, de sorte que les citoyens vont, nommant toujours les plus dignes, jusqu'à ce qu'ils arrivent, de l'aveu de la nation entière qui s'est transmise par degrés tous ses droits, à la nomination des derniers et véritables représentants, les députés.

2° Les conditions d'âge, comme celles de fortune et de talent, ne sont point nécessaires, car il est impossible d'obtenir, sans le plus grand mérite, les suffrages des premiers citoyens de la nation, choisis, à trois reprises différentes, par la considération publique, à laquelle on n'arrive qu'avec le temps et de grands efforts.

3° Dans la première classe d'électeurs on ne peut exiger le nombre pair; mais dès la seconde il devient nécessaire, et c'est l'un des avantages d'une méthode qui offre partout une majorité compacte, imposante.

Quant à l'exécution de ce plan, je la crois facile, et voici de quelle manière :

D'abord la France serait divisée en trois cents sections aussi égales que possible, devant élire chacune un député.

Chaque section serait divisée et subdivisée à son tour de la manière suivante : 1° en trois cents autres parties nommant chacune un électeur; 2° ces trois cents électeurs se partageraient en trente nouvelles subdivisions devant envoyer chacune un de ses membres à la représentation nationale; et définitivement ces trente derniers électeurs présenteraient à la France le choix qu'ils auraient fait en lui disant : Cet homme est l'élu du peuple, et nous lui remettons les pouvoirs qui nous ont été confiés par la nation entière.

Cet homme n'aura-t-il pas en effet réuni tous les suffrages; aura-t-il une seule fois été renié par le peuple; n'aura-t-il pas gravi tous les degrés pour obtenir enfin l'honneur d'une élection immaculée ?

Il n'est lui-même qu'un représentant d'un ordre supérieur, ayant reçu, après plusieurs épreuves, les droits et les pouvoirs que tenaient en main les représentants des trois premiers ordres.

En parcourant ces épreuves successives, que j'appellerai le crible de la représentation nationale, ou bien encore celui des élections, les citoyens ont toujours pris au milieu d'eux l'homme qu'ils estimaient le plus. Ils ont choisi le plus digne. Ils se sont attribué leurs rangs et leur valeur, la nation s'est elle-même classée et jugée.

Cette méthode offre donc une foule de garanties, et l'on pourrait à la rigueur accepter sans condition le dernier ordre de représentants.

Mais les intérêts d'un grand peuple ne sont jamais trop bien assis et défendus; les fumées de l'ambition peuvent aveugler le plus pur des hommes; et tel qui s'est montré toujours irréprochable, n'est pas à l'abri du souffle de la corruption, lorsque la famille, les amis, les honneurs, la fortune l'assiégent de sollicitations continuelles.

Aussi la députation exige-t-elle à mes yeux les conditions suivantes :

1° Le député se désistera de toute fonction publique;

2° Habitera Paris tout le temps de la session ;

3° Il recevra de l'État un traitement qui assure

son indépendance et ne puisse devenir le but de la députation.

Il n'est pas juste qu'un homme sacrifie sa famille à l'État, mais il est bien plus absurde et présomptueux de croire que les intérêts de la France peuvent lui laisser le temps de remplir une autre charge. Représenter cent mille individus et vouloir encore songer à d'autres intérêts, prétendre pouvoir le faire, c'est le comble de la folie.

Vendre sa voix, c'est vendre les droits de la nation et trahir sa confiance; c'est mériter la flétrissure.

Mais ce crime n'est pas d'un Français. La patrie, en le nommant, a commis une erreur. Elle n'a plus qu'à le renier.

La punition du traître, c'est le mépris, châtiment digne de la nation qui l'impose et du coupable qui le subit.

Je crois avoir prouvé que tous les éléments du peuple sont représentés, puisque j'appelle aux élections la masse entière des citoyens. Ils le sont suivant leur valeur jugée et reconnue par tous.

De plus, en divisant le pays en trois cents parties égales et en prenant pour base du partage le chiffre de la population, chaque pays et l'industrie qui y domine se fait représenter en nommant l'homme qui a su conquérir l'estime et la popularité. L'agriculture dans les départements agricoles, le commerce dans les pays industriels, doivent nécessairement obtenir les suffrages.

Quant aux principes fondamentaux de la constitution, ils sont aussi représentés et transmis par les trois degrés d'élections, et réunis dans l'homme de leur choix :

1° L'égalité, quand tous les citoyens peuvent prendre part aux élections et s'attirer les préférences populaires; 2° l'indépendance, lorsque chacun est, sans conditions de fortune ou d'éducation, libre d'élire ou d'être élu; 3° la justice et la raison enfin, quand il se démet de ses droits et courbe la tête sous le choix public. L'individu, comme la nation, tout est satisfait.

Et l'homme que tous les éléments, tous les principes nationaux ont choisi, n'a-t-il pas reçu l'approbation universelle, n'avait-il pas en lui ce qui devait attirer toutes les sympathies, n'était-il pas l'homme complet, l'élu du peuple renfermant tous ses éléments, tous ses principes?

CONCLUSION.

J'ai recherché le mode électoral qui pût le mieux convenir à l'esprit de la France.

Me fondant sur l'égalité, sa conquête, j'ai désiré d'abord le suffrage universel et pensé que tous les éléments d'un peuple libre doivent prendre part à sa représentation.

Mais il fallait un point de départ, et j'ai cru le trouver dans le titre de citoyen, cette base fondamentale, seule réelle et reconnue de la nation. Il faut, me suis-je dit, que ceux qui supportent les charges puissent en même temps se les partager ; que les devoirs auxquels ils sont astreints leur confèrent le droit de discuter et défendre leurs intérêts, ou de choisir les hommes auxquels ils voudront les confier.

Me voilà donc appelé naturellement à remplacer les mots de *suffrage universel* par ceux de *suffrage civique*.

Mais est-il juste que tous soient égaux, malgré les différences d'efforts et de travail, en dépit de l'estime ou du mépris public?

J'ai dû repousser un résultat aussi absurde, séparer le fainéant du travailleur, le courage de la lâcheté, en un mot assigner à chacun sa place et sa valeur, en prenant pour juge cet être que l'on dit infaillible, la nation.

Ainsi je suis arrivé, en troisième lieu, à ce que j'appelle crible représentatif, où tous les citoyens appelés à leur propre jugement s'attribuent entre eux et leur juste valeur et les droits proportionnels qui en découlent.

Cherchant plutôt à pénétrer qu'à fonder l'avenir, étudiant la marche du progrès et son cortége d'institutions nouvelles, j'ai cru lire au sein des ténèbres qui l'enveloppent l'éducation pnblique et la réforme électorale fondée sur le titre de citoyen.

Il me semble voir la lumière sillonner la France, et ses fils s'écrier : Oui, nous voulons la liberté et l'égalité, mais en leur assignant pour base la justice et la raison.

L'égalité, c'est que le mérite seul classe les hommes, c'est que je devance mes concitoyens si je leur suis supérieur, c'est qu'ils me dépassent lorsqu'ils auront mieux que moi mérité de la patrie.

La liberté, c'est que l'énergie et le travail puissent réclamer un juste salaire, et pour récompense l'estime publique; c'est que le génie plane sur le monde, et que la France, soumise à sa propre volonté, ne reconnaisse point d'autre maître.

C'est encore la sainte loi du progrès, le code d'un noble orgueil et d'une émulation que rien n'arrête, la base des essors les plus énergiques et de résultats incalculables.

Quelle gloire, d'effacer tous les avantages et les priviléges de naissance, et quelle lutte féconde peut engendrer un si noble désir encouragé par l'opinion publique!.....

Puisse le bonheur de la France se lever radieux à l'horizon, et le soleil de vérité répandre sa fécondante chaleur sur notre belle patrie!

FIN.

www.ingramcontent.com/pod-product-compliance
Ingram Content Group UK Ltd.
Pitfield, Milton Keynes, MK11 3LW, UK
UKHW022209190726
13855UKWH00004B/1676

9 782013 051583